짜증나!

ÇA M'AGACE

by Jean-Louis FOURNIER

Copyright © S.N. Editions ANNE CARRIERE, Paris, 2012
Photo Copyright © www.fotolia.com
Illustration of Préfet (p.31 of Korean edition) © Larousse 1923
Illustration Copyright © JEAN MINERAUD
Korean Translation Copyright © Mujintree, 2013.
All rights reserved.

This Korean edition was published by arrangement with
S.N. Editions ANNE CARRIERE (Paris)
through Bestun Korea Agency Co., Seoul.

이 책의 한국어판 저작권은 베스툰 코리아 에이전시를 통해 저작권자와
독점 계약한 (주)뮤진트리에 있습니다.
저작권법에 의해 한국 내에서 보호를 받는 저작물이므로 무단 전재와
복제를 금합니다.

장-루이 푸르니에 | 백선희 옮김

mujintree
뮤진트리

차례

좀 · 11 | 태양 · 15 | 모기 · 19 | 비둘기 · 23

정어리 깡통 열쇠 · 27 | 바퀴 달린 쓰레기통 · 31

나뭇잎을 날리는 청소부 · 35

아조레스 제도의 고기압 · 39

대중잡지 · 43 | 수상스쿠터 · 45

상투적인 말 · 47 | 꽃집 포장지 · 49

버림받은 개 · 51 | 새 파파라치 · 55

ARS 서비스 · 59 | 부정직한 인쇄업자 · 63

지하철의 연주자 · 65 | 맛없는 크루아상 · 69

질투심 많은 트럭 운전자 · 73

차 앞유리창 장식 · 77 | 보건부 장관(1) · 81

행복한 사람들 · 85 | 병원 순위도 · 89

청소기를 연주하는 여자 · 93

대비 원칙 · 97 | 거리 인터뷰 · 101

계산원의 인사 · 103 | 탈라소테라피 · 107

세금 신고 · 111 | 젊은이와 늙은이 · 113

실내음악 · 117 | 타인의 자리 · 121

부동산 개발업자 · 125

텔레비전에 비친 행복 · 127

따옴표 · 131 | 거만한 경찰관 · 133

도둑 · 135 | 무례한 음악 · 137 | 개그맨 · 139

공회전 · 143 | "있을 수 없다"는 말 · 147

종이컵 · 149 | 금지된 창문 열기 · 151

멋진 하루 · 153 | "이 동네 사람이 아님" · 155

보건부 장관(2) · 159 | 바쁜 자살자 · 163

- 옮긴이의 말 · 169

"장-루이,
넌 만족하는 법이 없구나.
맨날 투덜거려."

아라스 할머니

Ça m'agace !

지하철의 연주자들은 연주를 엉망으로 해대고, 절망한 이들은 내가 탄 테제베 밑으로 뛰어들고, ARS(자동응답 시스템) 서비스는 상냥한 말 한 마디 할 줄 모르고, 좀 한 마리가 내 스웨터에 구멍을 내놓았고, 크루아상은 맛대가리 없고, 모기는 물어뜯고, 이웃집 여자는 청소기를 요란하게 연주해대고, 개그맨은 도무지 웃기지 않고, 트럭들은 추월 못하게 가로막고, 비둘기들은 내 머리에 똥을 싸댄다….

아, 짜증나.

좀

멋을 좀 부리고 싶어 장롱을 뒤졌다. 제일 예쁜 분홍색 스웨터를 꺼내 입었다.

구멍이다!

누구나 살면서 자기 구멍을 만들려고 애쓴다. 그래도 그렇지 좀들아, 넘지 말아야 할 선이라는 게 있지.

이건 내가 정말 좋아하는 스웨터, 캐시미어 스웨터다.

10년째 가지고 있는 하나뿐인 캐시미어인데 어머니가 주신 것이다. 그런데 망가져 버렸다.

달리 먹을 게 없었다면 이해하겠다. 그런데 장롱 속 바로 옆에, 낡은 겨울 스웨터들이 푸짐하게도 있었다. 두툼한 모직이라 먹을 것도 많은 스웨터들이었다. 그런데도 내가 제일 아끼는 스웨터를 건드려?

이때까지 나는 장롱 속에 나프탈렌을 넣어본 적이 없다. 늙은이 냄새가 나서다. 할 수 없지. 늙은이 냄새가 나더라도 어쩔 수 없다.

눈에 잘 띄지 않는 곳을 골라 먹기만 했어도 괜찮았을 텐데… 소매 끝만 되어도 짧게 수선할 수 있을 텐데. 그런데 녀석은 정면을 선택했다. 과녁의 정중앙, 모두가 맞히고 싶어 하는 곳, 영예로운 자리, 레지옹 도뇌르 훈장을 다는 자리, 심장의 자리를. 다시 말해 이건 녀석이 인정머리가 없다는 증거다.

왜 그런지 알겠다. 앞쪽에 먹을 게 더 많아서다.

국물 흘린 자국들이 있기 때문이다.

태양

 더워서 죽을 지경이다. 온통 눅눅하다. 모든 게 끈끈하다. 악수하려고 붙잡는 손, 볼인사를 하려고 갖다 대는 얼굴들. 온몸에서 땀이 흐른다. 내 목에서도 흘러내린다. 창문을 열면 꼭 오븐 문을 여는 것 같다.
 푹푹 쪄서 익을 지경이다. 피자가 되고 싶지는 않은데. 저 오만한 태양이 언제쯤이면 우리 땀을 빼는 짓을 그만둘까?
 여덟 시간째 태양이 내리쬐어 그늘에만 있어도 30도를

체감한다. 저 녀석은 작년에도 우리를 귀까지 벌게지도록 만들었다. 그러더니 올해 또 시작하고 있다.

또 다시 살인더위로 우리에게 한 방 먹이려 하고 있다. 봄가을에 좀 더 자주 보이면 좋을 텐데 왜 녀석은 쌀쌀해지기 시작하는 가을 주말이면 사라질까?

녀석은 세이셸˙로 내뺀다. 우리는 매년 태양이 은퇴자들과 함께 있는 걸 본다. 세이셸에서 보내는 주말은 피카르디˙˙에서 보내는 주말보다 훨씬 유쾌하다.

나는 녀석이 늙어가고 있다는 걸 알게 되어 기분 좋다. 녀석에게도 검버섯이 있기 때문이다. 쌤통이다.

난 녀석이 잠자리에 든 밤에만 좀 쉰다. 악동들이 잘 때 부모들이 쉬듯이.

낮에는 녀석이 나를 비웃는다. 이따금은 개에게 하듯이 녀석에게 이렇게 말하고 싶다. "엎드려."

˙ 아프리카 동부 인도양에 위치한 나라로 지상 최후의 낙원이라 불린다.
˙˙ 프랑스 북부에 있는 주(州)

밖에 나가면 경찰서에 있는 기분이 든다. 눈앞의 전등이 내 눈을 멀게 하고 내게 자백하라고 강요하는 것 같다.

녀석은 사람들이 눈을 똑바로 뜨고 쳐다보지 못하니 참 운도 좋다.

모기

누운 사람을 공격하고도 자랑스럽냐? 비겁한 자식.

누운 사람이 너한테 뭘 어쨌다고 밤새도록 악착같이 덤비는 거냐? 난 아무 요구하는 것도 없고 피곤해서 그저 잠자고 싶었을 뿐이었어. 그런데 네 녀석이 내 밤을 망쳤어.

왜 너는 밤에 다른 사람들처럼 잠을 안 자는 거지?

넌 정당방위였다고 대답하겠지. 그건 거짓이야. 난 한 시간이나 참다가 널 잡기로 결심한 거야. 그래도 넌 최악의 상황은 면했어. 화학무기, 끔찍하게 고통 받다가 죽게 만드는 살충제 말이야. 나는 협상을 먼저 시도했어. 너한테 생각할 시간을 준 거지. 네놈이 겪게 될 위험을 헤아릴 시간 말이야. 먼저 시작한 건 너야. 난 널 물려고 한 적이 단 한 번도 없어. 네가 시끄럽게 굴지만 않았어도….

최악의 경우는 널 잡으려고 내 얼굴을 한 대 쳐서 잡았다고 생각했는데 몇 분 뒤 잠들려는 찰나에 너의 악마 같은 노래가 다시 들리는 경우야. 그러면 꼭지가 돌아 무슨 짓이든 할 것 같지.

겁주려고 널 호랑이라고 부르는 식민지에서도 네 녀석이 여전히 약자를 공격한다는 사실을 난 알게 되었어.

네놈은 말라리아, 뎅기열, 필라리아를 옮기고, 너한테 아무 짓도 하지 않은 많은 사람들을 죽게 만들지. 너를 때려잡는 건 좋은 일을 하는 거야. 내가 너라면 존재하는 게 부끄러웠을 거야.

물론 너도 할 말은 있겠지. 새들에게 먹이를 제공한다고 말이야.

새들에게 감자튀김이나 먹으라고 말해줘야겠다.

비둘기

작년에 녀석들이 와서 내 집 지붕 아래 자리를 잡았다. 녀석들은 예의 없게도 나한테 허락을 구하지 않았다. 건축허가서조차 없는 게 확실하다.

가족은 금세 커졌다. 어린 녀석들은 내 창틀에 와서 시간을 보낸다. 녀석들이 멍하고 동그란 눈으로 감시하는 바람에 나는 더 이상 내 집에 있는 것 같지가 않다. 녀석들이 인사라도 한다면 모를까….

조금 더 있으면 일요일 아침마다 구구거리지 않을까? 녀석들이 처음 왔을 때 상태로 장소를 깨끗하게 남겨두기라도 하면 좋겠는데… 아무짝에도 소용없는 이놈들은 쉬지 않고, 그것도 앉은 자리에서, 때로는 날면서 볼일을 본다. 윗물이 맑아야 아랫물도 맑은 법이거늘, 녀석들은 부모가 하는 그대로 보고 따라할 뿐이다.

이제 나는 차마 손님들에게 정원에 앉자고 권하지 못한다. 얼마 전에 정원에 자리 잡고 차를 마시다가 한 여자친구의 하얀 모자 위에 무슨 액체가 떨어진 일이 있었다. 그것은 커다란 보라색 얼룩을 남겼다. 녀석들이 까막까치밥 열매를 먹는 계절이었던 것이다. 난 웃었다.

내 여자친구는 다시는 찾아오지 않을 것이다.

난 비둘기가 지긋지긋하다.

나도 가서 녀석들의 둥지에다 똥을 누고 말 테다.

정어리
깡통 열쇠

 전에는 정어리 통조림을 열려면 열쇠를 사용했다. 정어리 통조림 열쇠. 통조림 깡통을 탁자 위에 편편하게 올려놓고 뚜껑 위로 비죽 나온 금속 막대를 열쇠구멍에 넣고 돌렸다. 그러면 뚜껑이 마치 무대 막처럼 열쇠에 감기면서 정어리가 환하게 모습을 드러냈다.
 우리는 정어리를 버터 바른 빵 위에 얹어 먹었다. 행복한 순간이었다.

요즘은 깡통따개가 아예 붙어 나온다. 우주비행사들을 위해 발명한 것이다. 정어리 깡통을 갖고 달에 갔는데 깡통따개를 잊었다면 난감할 것이다. 굶어 죽을 수도 있다.

일체형 깡통따개가 있으니 깡통 따기가 훨씬 쉬워 보인다. 고리를 당기면 뚜껑이 쉽게 들린다. 시작은 좋다. 그런데 끝은 좀 다르다. 깡통 뚜껑을 떼어내기가 여간 어렵지 않다. 아주 세게 당겨야 하는데 그래도 잘 안 떨어진다. 점점 더 세게 당긴다. 마침내 떨어지는데 기름도 같이 떨어진다.

나는 내 바지 위에 난 커다란 얼룩을 보고 있다. 나는 진보가 싫다.

난 내 시대에 맞춰 살고 싶지 않다.

나는 달에 갈 때 내 정어리 열쇠를 가지고 갈란다.

바퀴 달린
쓰레기통

나는 푸벨* 도지사를 아주 존경한다. 그가 쓰레기통을 발명했다니 놀라운 우연이다.

도지사의 쓰레기통은 소박했고, 기품이 있었으며, 검

■ 1884년 프랑스 세느 지역 도지사인 으젠-르네 푸벨이 건물주들에게 세입자를 위한 공동 쓰레기 수거함을 마련해 주라는 시행령을 내렸고, 그 이후 그의 이름을 따서 쓰레기통을 '푸벨'이라 부르게 되었다.

은 색이었다. 검은색은 무엇과도 잘 어울린다. 우리는 아침마다 모두가 잠을 잘 때 쓰레기통을 들어서 밖으로 내놓았고, 세상 사람들은 계속해서 잠을 잘 수 있었다. 내키지 않아도 자기 시대에 맞춰 살아야 하는 법, 요즘 우리는 현대식 쓰레기통을 쓸 수밖에 없다.

이 쓰레기통은 검은색의 소박한 옷이 아니라 요란한 색의 옷을 입고 방탕한 여자들처럼 화장을 했다.

오렌지색, 연두색, 샛노란색의 뚜껑이 달린 이 쓰레기통들은 천박해 보인다. 정원의 꽃 핀 장미나무 옆에 세워두면 장미가 눈에 들어오지 않는다. 게다가 상록수라도 되는지 겨울이 되어도 뚜껑은 낙엽처럼 떨어지지 않는다.

그런데 더 나쁜 점은 다른 데 있다. 바퀴가 달렸다는 점이다. 바퀴 달린 쓰레기통을 만든 기술자는 아마도 이런 의문을 품었던 모양이다. 어떻게 하면 쓰레기통으로 소음을 최대한 크게 만들까?

그는 쓰레기통을 공명상자처럼 활용했다. 참으로 하기 힘든 생각인데 그는 해냈다.

이젠 쓰레기통을 굴리면 폭풍우가 으르렁거리는 소리가 들린다.

늦잠은 다 잤다. 나는 이 소리가 푸벨 도지사를 깨워 그가 평온히 쉬는 걸 방해하리라고 확신한다.

푸벨 도지사는 참 좋았는데 바퀴 달린 도지사는 덜 좋다.

나뭇잎을 날리는 청소부

　예전에는 낙엽을 조셉 코스마의 음악▪에 맞춰 삽으로 끌어 모았다. 그러면 추억과 후회도 같이 담겼다. 그런데 왜 코스마의 음악을 모터소리로 바꾸었을까?

　청소부들의 등에는 연기 나고, 악취 나고, 지옥 같은

▪ 조셉 코스마는 〈고엽Les feuilles mortes〉의 작곡가이고, "낙엽을 삽으로 끌어 모으면 추억과 후회도 함께 담긴다"는 〈고엽〉의 가사이다.

소음을 내고, 나뭇잎을 마구 날려 보내는 끔찍한 기계가 매달렸다. 젊은 청소부들 중에는 이 새 기계에 자부심을 느끼며 그것을 마치 수퍼콥터처럼 여기고 영화에서처럼 날아갈 수 있으리라고 생각하는 이들도 있다. 그걸로 그들은 절대 날지 못한다.

   나이 든 청소부들은 얘기 나눌 때 기댈 수 있었던 빗자루를 아쉬워한다.

   모터 소리 때문에 젊은이들과 늙은이들이 이젠 서로의 소리를 들을 수가 없다.

아조레스 제도의 고기압

"거리에 비 내리고 내 마음에도 비 내린다."

벌써 보름째 비가 계속되고 있어 내 마음은 물에 잠겼다. 날씨가 안 좋은 이유는 찾지 말라. 책임자는 멀리 있다. 아조레스 제도의 고기압 때문이다.

날씨예보가 나쁜 날씨를 예고할 때마다 늘 이 이름을 댄다. 이 녀석은 모든 나쁜 짓의 원흉이다.

있어야 할 곳엔 절대로 없고, 필요할 때는 자리를 비우고, 없으면 좋을 곳엔 꼭 나타난다.

고기압은 엄청난 이기주의자다. 자기 생각밖에 하지 않는다.

우리의 날씨와 생활을 망치는 것이 녀석의 즐거움인 모양인데 꽤나 성공적으로 해내고 있다.

아조레스 제도는 포르투갈 소유의 군도다. 이 사실을 아는 사람이 없는데도 포르투갈 사람들은 떠들어대지 않는다. 그 제도에는 아홉 개의 섬이 있다. 플로레스, 상미겔, 테르세이라, 그리고 여섯 개가 더 있지만, 자비심을 발휘해 그 이름을 대지 않겠다.

아조레스 주민들은 매우 조심스러워서 도무지 눈에 띄지 않는다. 거의 밖으로 나오지 않고 집에 숨어 지낸다. 그들은 부끄러워한다. 외국으로 여행도 하지 않는다. 폭행을 당할까봐 겁나는 모양이다.

아조레스 타도.

대중잡지

 케빈이 최근에 프리실라와 헤어졌고, 브래드가 토니의 전 여자친구와 잤고, 베티가 웬 스모 선수를 사랑하게 되었으며, 비르지니는 남자친구가 홀딱 벗고 자기 개에게 뭔가를 하고 있는 현장을 목격하게 되었다는 사실을 나는 방금 알게 되었다.
 이 모든 걸 내가 왜 알아야 하지?
 내가 휴가를 보내고 있는 마을의 신문가게에 한 부뿐

이던 〈누벨 옵세르바퇴르〉가 팔려 버려, 나는 할 수 없이 질 낮은 어느 신문을 집어 들었다. 엄청나게 많은 부수가 쌓여 있었다.

〈누벨 옵세르바퇴르〉에는 여름이면 여러 가지 교양게임이 실린다. 내가 어쩔 수 없어 보게 된 신문에는 몸에 관한 게임이 더 많다. 한 미묘한 게임에는 이런 제목이 붙어 있다. "이 엉덩이는 누구의 것일까?"

성인들이 이런 신문을 읽는 건 그리 심각한 일이 아니다. 성인은 이미 악에 길들어 있다. 성인의 시멘트 뇌는 더 이상 새겨질 것도 없고 더 나빠질 것도 없다. 그런데 호기심 많고 연한 뇌를 가진 아이들이 뛰노는 집에 이런 신문들이 굴러다닌다고 생각해보라. 이건 정말 심각한 일이다. 그런 뇌엔 뭐든지 새겨질 수 있기 때문이다.

시골 사람들에겐 똑똑한 신문이 필요 없단 말인가?

수상스쿠터

 회색 새우들이 푸른 물속에서 뛰놀고, 도미들이 낮잠을 자고, 해파리들이 명상에 잠기고, 고등어들이 반짝였다. 평온하고, 고요하고, 잔잔한 멋진 여름날이었다.
 놈이 와서 모든 걸 망쳤다.
 엄청난 소음, 연기, 타는 냄새, 파도. 수상스쿠터를 타고 웬 멍청이가 바다 위를 맴돌고 있다. 어디를 가려는 게 아니라 그저 소음만 만들고 있다. 부끄러운 줄도 모른다. 오히려 자랑스러워하는 것 같다. 잠든 물고기와 해변에서 졸고 있던 피서객들을 깨우고 겁에 질리게 해놓고는 자랑스러워하고 있다. 침묵을 들으러 바닷가를 찾은 피서객들을. 도로변에 사는 탓에 잠들기 위해 양을 세는 게 아니라 트럭을 세야 하는 피서객들을 말이다.

멍청이는 아랑곳하지 않는다. 사람들의 눈과 귀를 사로잡고는 자기가 얼마나 부유하며 동시에 멍청한지를 과시하고 싶은 모양이다.

나는 수상스쿠터를 발명한 사람이 대단히 원망스럽다. 고요한 자연을 뒤흔들고 바닷소리와 세이렌*의 노래를 듣지 못하게 가로막는 저 빌어먹을 기계를 발명한 인간 말이다.

그 자는 인류의 악당이다.

■ 그리스 신화에 나오는 바다의 요정.

상투적인 말

 미용실을 나선다. 이제 막 머리를 아주 짧게 잘랐다. 그와 마주치자 그가 기막히게 시의적절한 질문을 던진다. "미용실에 다녀왔어?"
 언젠가 내가 병원에서 다리라도 자르고 나오면 그는 이렇게 물을 것이다. "다리 잘랐어?"
 해마다 내가 휴가를 끝내고 집으로 돌아오면 그는 묻는다. "휴가 갔다 오는 거야?"

난 아니라고 대답하고 싶은 마음이 든다.

아니, 미용실에 간 게 아니야. 빵집에서 나오는 길이야. 내 머리는 빵집 주인이 잘랐어. 좀 바꿔보고 싶었거든. 평소에는 정비소에서 자르는데 말이야.

아니, 난 다리를 자르지 않았어. 이건 속임수야.

아니, 휴가 갔다 오는 게 아니야. 너도 보다시피 난 지금 여기 있는 게 아냐. 바닷가에 있어. 난 돌아갈 생각이 없어. 바보 같은 네 질문을 듣기 싫어서 말이야.

내가 죽으면 침대 머리맡에서 그는 내게 물을 것이다. "그러니까, 너 죽은 거야?"

꽃집 포장지

왜 어떤 꽃집은 꽃그림이 그려져 있는 포장지로 꽃을 싸줄까?

포장지 안에 무엇이 들었는지 알려주려는 걸까? 소 그림이 그려진 종이로 소고기를 싸주는 정육점 주인처럼?

아니면 더 예쁘라고?

나는 꽃을 살 때 직접 꽃을 고른다. 나라면 포장지에 인쇄된 꽃들은 고르지 않을 것이다. 난 그런 꽃들은 좋아하지 않는다. 그 꽃들은 보기 흉하다. 게다가 속에 든 진짜 꽃을 못 보게 가로막는다.

포장지에 이미 꽃이 있다면 그 안에 신선한 꽃을 보탤 필요가 없지 않겠나.

그러니 그냥 종이만 파세요.

버림받은 개

 부끄럽지도 않냐? 너한텐 녀석이 과분해. 녀석이 너한테 그렇게도 잘했는데. 그 녀석의 눈에는 선의와 총기가 있었어. 네 눈에는 아무것도 없어. 네 눈은 텅 비었어.
 너를 위해서 녀석은 뭐든지 할 태세였어. 너를 위해서라면 자기 목숨도 내놓았을 거야. 그런데 넌 휴가 갈 때 네 사륜구동 자동차 뒷좌석에 그 녀석을 위한 옹색한 자리 하나 못 만들어주었어. 그보다는 〈비디오 개그〉를 놓

치지 않으려고 텔레비전을 싣고 갔지.

　난 네 꼬마를 생각해. 그 아인 개를 참 좋아했지. 조심해. 어쩌면 네가 아이에게 한 가지 생각을 심어주었는지도 모르니까. 언젠가 네 아이가 물 한 병과 빵 한 조각을 주고 너를 숲속에 버리고 싶어 할지도 몰라.

　편지 한 통을 동봉할게. 네 개에게 쓴 편지야. 녀석에게 읽어줘.

　사랑하는 개야,

　네게 용기를 주고 싶어 이 편지를 써. 넌 후각을 이용해 돌아오는 길을 찾을 수 있을 거야. 네 집을 찾더라도 절대로 들어가지는 마. 그런 주인은 차라리 없는 게 나아. 다른 데로 가보렴.

　그래도 모든 인간이 그렇지는 않다는 것만은 알아줘.

새 파파라치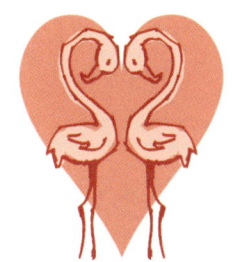

난 동물을 아주 좋아한다. 동물은 내 마음을 뒤흔들어 놓는다. 그들의 깊은 눈길에서 나는 자연의 거대한 신비를 본다.

예전에는 동물 영화를 좋아했는데 이제는 질렸다. 너무 많기 때문이다. 시시각각 온갖 채널에서 홍학의 짝짓기를 보여준다. 똑같은 영상, 똑같은 음악, 똑같은 해설로.

제발 좀 홍학을 가만히 내버려두었으면 좋겠다.

카메라맨이 인간들을 졸졸 따라다니며 짝짓기를 찍어 댄다면 어떻겠는가?

이를 잡거나 엉덩이를 긁는 원숭이에게 찍어도 좋겠느냐는 허락을 구했는가?

바오밥 나무 뒤에서 몰래 오줌을 누는 코끼리에게 영화로 찍어도 좋겠느냐는 허락을 구했는가?

새들이 둥지에서 잠을 잘 때 영화로 찍어도 좋겠느냐는 허락을 구했는가?

그리고 이렇게 찍은 영상의 저작권은 누구에게 있는가?

새 파파라치는 아무 처벌도 받지 않는다. 아무것도 겁내지 않는다. 동물은 모나코 왕비들과는 다르기 때문이다.

새들에겐 변호사가 없다.

ARS 서비스

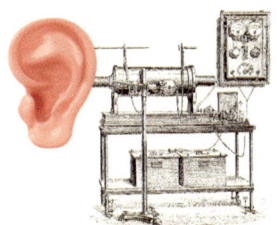

 난 당신이 내 눈앞에 있었으면 좋겠어요. 그래서 눈을 똑바로 쳐다보며 당신의 나쁜 점을 말해주고 당신을 죽이겠다고 말하고 싶습니다. ARS 서비스 씨, 당신은 범죄 유발자입니다.
 그런데 그럴 수가 없네요. 당신은 모습을 드러내는 법이 없으니까요. 그렇게 몸을 숨기다니 비겁합니다. 도무지 우리에게 서비스라곤 하는 적이 없는데 이름을 '서비

스'라고 짓다니 배짱도 좋군요.

 당신은 우리의 말을 안 듣는다는 불쾌한 느낌을 줍니다. 우리가 모자라는 사람이라도 되는 것처럼 우리의 말을 자르고 똑같은 소리를 반복합니다. 우리가 질문을 해도 못 들은 척합니다.

 더 심각한 건 당신이 인정머리라곤 없다는 겁니다. 우리 고민 따위는 들은 척도 안 하잖습니까.

 경찰서나 소방서, 구급대, 노인복지전화, 암 위로전화, SOS 음독, SOS 자살, SOS 좌절 방지 기관에 전화를 걸어도 하나 나을 게 없습니다. 우리는 연민을 갖고 주의를 기울이는 귀를 만나고 싶습니다. 어째서 다정한 말 한 마디, 위로가 되는 말 한 마디를 들을 수 없을까요?

 영화 안내번호에 전화를 걸면 당신은 〈생 트로페 기동대〉도 〈쇼아〉도 한결같이 명랑한 장사꾼의 목소리로 안내해줍니다.

 장 콕토의 작품 《인간의 목소리》에서 왜 여배우가 신경질을 내며 똑같은 소리를 반복하는지 압니까?

전화기 건너편에 배신을 했거나 거짓말을 하는 애인이 있는 게 아닙니다.

전화기 건너편에 ARS 서비스 목소리가 있기 때문입니다.

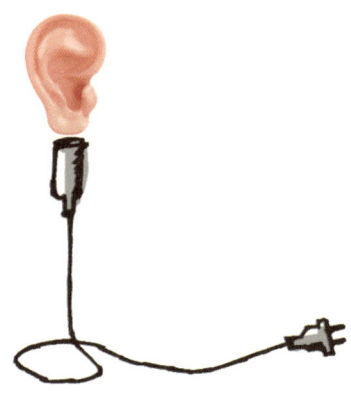

부정직한
인쇄업자

  보험 계약서의 예외조항들, 보증서, 특별할인 제외상품들, 할인이 적용되지 않는 특수 조건들, 농산물에 사용된 화학물질 등, 요컨대 알아야 할 중요한 것은 모조리 왜 작은 글씨로 적혀 있을까? 꼭 읽지 못하게 일부러 그런 것만 같다. 우연일까? 아니면 인쇄업자의 농간일까?

  당신은 지시받은 대로 했다고 대답하겠지요. 때로는 지시를 거역할 줄도 알아야 한다고 난 말하고 싶습니다.

우리를 속이려 드는 모든 사람들과 한패가 되지 말아야 합니다.

   당신이 하고 있는 건 그다지 정직한 일이 못 됩니다.

난 큰 글씨로 당신에게 말하겠어요.

부정직한 짓거리입니다!

지하철의
연주자

 창가 구석자리에 자리를 잡았다. 편안하다. 지하철로 열두 정거장만 가면 된다. 다시 말해 15분이면 된다. 그 정도면 출판사에 가져갈 내 원고의 마지막 장을 다시 읽어볼 수 있다. 다 좋다. 아니, 다 좋았다.
 머리 덥수룩한 웬 남자가 유쾌한 얼굴로 지하철에 들어섰다. 그는 모두에게 좋은 여행하라는 인사를 했다. 참 친절하기도 하다. 그런데 그는 아코디언을 들고 있다. 곧

나는 비엔나식 메들리와 가짜 구슬과 가짜 음이 잔뜩 섞인 〈수정구슬Perles de cristal〉 연주를 들어야 할 것이다. 이 아코디언 음악을 배경음악으로 깔고 내 어머니 죽음에 관한 이야기를 다시 읽어야 할 것이다. 가련한 나의 어머니는 이보다는 나은 대접을 받으실 자격이 있다. 어머니는 브람스를 좋아하셨으니까. 연주를 하고 나서 연주자는 모자를 내밀며 한 바퀴 돌 것이다. 난 아무것도 주지 않을 작정이다. 다시는 주지 않겠다.

  나는 결심했다. 연주자가 이렇게 쓴 종이를 내밀면 주기로.

"한 푼만 주시면 연주를 그만두겠습니다."

맛없는
크루아상

 어제는 갑자기 무슨 고약한 생각이 들었는지 난 당신네 빵집에서 크루아상을 샀습니다. 내가 '고약한 생각'이라고 쓴 것은 당신네 크루아상이 정말이지 고약했기 때문입니다.
 다음날 나는 용기를 내어 당신을 찾아가서 그 말을 했습니다. 당신은 퉁명하게 대답했지요. "이런 말을 하는 건 손님이 처음입니다."

어린 시절 내내 꼴찌라고 야단맞았던 내가 처음이라며 비난받은 건 처음입니다. 일등에게 주는 메달을 난 한 번도 받아본 적이 없었죠.

언제나 처음은 있다는 걸 아셔야죠. 내가 처음이지만 아마 마지막은 아닐 겁니다. 당신은 나한테 고마워하셔야 합니다. 내가 상인이라면 손님들의 의견을 알고 싶었을 겁니다.

이런 말을 처음 하지 않은 다른 사람들은 앞으로도 아무 말 안 할 겁니다. 그런데 다시는 당신 가게에 오지 않을 겁니다. 다른 데 가서 크루아상을 사겠지요.

나는 다시 왔잖습니까. 나는 당신네 크루아상을 나 몰라라 하지 않습니다. 당신네 크루아상은 나한테 비싼 겁니다. 아주 비쌉니다. 그 어느 곳보다 비싼 겁니다.

내가 당신한테 이 얘기를 쓰느라 이렇게 시간을 보내는 건 신뢰의 표시입니다. 당신이 맛있는 크루아상을 만들 줄 안다고 믿는 거죠.

당신네 크루아상이 맛있어지는 날이 오면 내가 제일 먼저 얘기해 드리지요.

질투심 많은
트럭 운전자

왜 당신은 앞서가는 트럭을 어떡해서든 추월하려는 겁니까?

추월하지 못한다는 건 당신도 잘 알지 않습니까. 트럭은 당신과 같은 속도로 달리고 있고, 속도를 늦출 의향이 없습니다. 당신이 추월하려는 걸 눈치 채고 오히려 속도를 올립니다. 행여 당신이 추월을 하더라도 트럭은 당신

뒤에 바짝 붙어서 다시 당신을 추월하려고 들 것입니다. 그리고 그래 봤자 당신들은 같은 시간에 톨게이트에서 만날 겁니다.

도대체 어쩌려는 겁니까? 왜 당신들은 그런 게임을 하는 겁니까? 분별없는 행동 아닙니까. 당신은 이제 다 큰 사내입니다. 털북숭이 다 큰 사내라고요.

왜 앞서고 싶은 겁니까? 국가의 명예가 걸린 일이라도 됩니까? 앞선 트럭을 운전하는 게 외국인인가요? 이건 스포츠 경주가 아니라서 제한속도도 정해져 있고, 커브길도 없습니다. 아마 따분하신 거겠죠. 몇 시간째 똑같은 광경만, '국제운송'이라고 적힌 트럭 꽁무니만 보고 앉아 있으려니 따분도 하시겠지요.

앞선 트럭을 추월하더라도 또다시 다른 언어로 '국제운송'이라고 적힌 다른 색깔의 트럭 꽁무니를 뒤쫓게 될 겁니다.

트럭 꽁무니를 장식할 생각을 해봐야 할지도 모르겠군요. 유명 그림 복제품들을 붙이는 겁니다. 눈매가 싸늘하지 않은 벌거벗은 여인, 마네의 〈올랭피아〉가 지켜보는 가운데 파리에서 마르세유까지 달린다면 훨씬 기분이 좋겠군요.

나는 문제가 다른 데 있다고 생각합니다. 당신이 추월하면 당신 뒤에서 속도를 늦출 수밖에 없는 수백 대의 자동차와 그 안에서 당신에게 저주를 퍼부을 운전자들이 있다는 걸 알고서 당신이 즐거워하리라고 나는 확신합니다.

당신은 심성이 고약하거나 아니면 그저 질투를 하는 겁니다. 당신보다 더 빨리 갈 수 있고, 날렵하고 예쁜 여자를 옆에 태우고 역시나 날렵하고 예쁜 자동차를 모는 운전자들을 질투하는 겁니다. 당신은 수 톤이나 나가는 무거운 자동차에 홀로 타고 있습니다. 아니면 때로 당신 옆에는 역시 수 톤이나 나가는 무거운 여자가 앉아 있죠. 당신은 뚱뚱한 아내를 둔 남편으로서 슬픈 겁니다.

고속도로 운전자 양반, 이런 온갖 생각을 하면서도 나는 이 말을 당신한테 하지는 않을겁니다. 왜냐하면 난 비겁하거든요.

얼굴을 얻어터지고 싶진 않으니까요.

차
앞유리창
장식

당신에게 소식을 전하고 싶었습니다. 나는 내일이면 퇴원합니다. 반쯤은 수리를 했지만 한동안은 지팡이를 짚어야 할 것 같습니다.

당신과 당신의 택시를 잊은 건 아닙니다. 전부 기억납니다. 특히 앞유리창이 생각나는군요. 크리스마스 진열창처럼 장식이 되어 있었죠. 백미러에는 보라색의 커다란 장식용 포도송이가 매달려 흔들리고 있었고요. 그 위엔 깜박이는 형형색색의 작은 전구가 잔뜩 달린 반짝이 장식이 길게 걸려 있었죠. 포도송이 오른쪽에는 금색 사진틀 속에 컬러로 된 경찰견 사진이 들어 있었습니다. 꼭 바로 옆에서 흔들리고 있는 소화 테레사 성녀를 물 것 같은 기세더군요.

차안의 향내 때문에 꼭 교회에 들어선 느낌이었습니다. 계기판은 제단 같았고요. 마음이 놓여야 했을 텐데 그러지 못했어요. 당신이 조금 전에 자전거 탄 사람을 거의 칠 뻔했으니까요. 성녀 테레사에 가려 그 사람이 안 보였던 겁니다.

당신은 장식이 마음에 드는지 내게 물었습니다. 난 대답했죠. "유쾌하네요." 그러자 당신은 루브르의 안내원처럼 작품 하나하나에 대해 설명을 하더군요.

포도송이는 포르투갈 사람인 당신 장모가 준 선물인데, 손으로 직접 만든 것이고, 경찰견은 2년 전에 죽었는데 이름이 렉스라고 말이죠.

당신은 유모차를 들이박을 뻔하고는 운전대를 한 대

치며 그저 "제기랄"이라고 내뱉더군요. 그래서 내가 물었죠. 앞유리창의 장식이 시야를 가리는 건 아닌지. 당신 대답은 분명하고 간단했는데, 난 그걸 평생 잊지 못할 겁니다. 당신은 이렇게 말했죠. "오히려 반대예요." 그러더니 엄청난 소리가 났죠.

우린 장식 속에 처박혔습니다.

보건부 장관(1)

 매일 나는 라디오에서 추적조사 결과와 무시무시한 통계자료를 듣습니다. 병원에 가서 검진과 분석과 단층촬영을 받아봐야한다. 의사와 약사를 만나봐야한다… 그러지 않으면… 그러지 않으면 뭡니까? 난 곧 죽기라도 합니까?
 감추는 것 없이 솔직히 말하자면 어느 정도는 예상한 일입니다. 우리 집안의 내력이기 때문입니다. 나의 증조부도 돌아가셨고, 나의 할아버지도 돌아가셨고, 나의 아

버지도 돌아가셨습니다. 죽는 게 아무래도 유전인 것 같습니다.

요즘 당신은 나한테 직장암 추적검사를 해보라고 권하고 있습니다. 매일같이 라디오에서 그 이야기를 합니다. 나도 다른 사람들과 마찬가지로 암을 꽤나 겁냅니다. 모든 암이 겁납니다. 직장암은 내가 생각지도 못한 새로운 암입니다. 이제 당신 덕에 그것까지 생각하게 되었습니다. 새로운 걱정거리가 생긴 것입니다.

우리를 안심시키려고 당신은 애교 섞인 여자 목소리를 골랐습니다. 그 목소리가 우리에게 말합니다. 열 명 중 한 명만이 직장암으로 죽는다고 말입니다. 아홉 명은 다른 암을 선택할 수 있습니다. 고르기 힘들 정도로 선택의 여지가 많으니까요.

장관님, 왜 늘 나한테 의사나 약사를 보러 가라고 권하십니까? 나도 그 사람들에게 할 이야기가 없고, 그 사람들도 나한테 들려줄 재미있는 이야기가 없을 겁니다. 무엇보다 나는 그 사람들이 웃기지도 않은 새 이야기를 들려주는 걸 전혀 바라지 않습니다. 그 사람들을 덜 볼수록 난 기분이 더 좋습니다.

장관님, 나는 장관님이 우리에게 불행을 가져올까 겁이 납니다.

장관님의 메시지들을 저는 직장 속에 집어넣으렵니다.

행복한 사람들

나는 건강하게 잘 지내는 사람들이 끔찍이 싫다. 그런 사람의 전화를 받으면 끊고 싶다. 아무 할 말이 없어서다.

나는 행복한 사람들을 때로는 천박하다고 생각한다. 그들은 요란하게 웃고, 옷매무새도 흐트러진 데다 옷 색깔도 요란하다. 사는 즐거움을 거리낌 없이 과시한다.

그들의 머릿속에는 웃긴 이야기밖에 없는 것 같다.

그들은 기품도 없고, 절망한 이들의 조심스러움도 없

다. 절망한 이들은 긴 아스파라가스처럼 허옇고 푸르스름한 얼굴로 여름에조차도 헐렁한 검은 외투를 걸치고서 거의 스칠 듯 벽에 바짝 붙어 느릿느릿 조용히 걷는다.

나는 늘 잘 지내는 사람은 상상력이 많지 않다는 생각이 든다. 그런 사람은 결코 하늘을 보지 않는다. 당신 머리 위를, 하늘을 좀 보시죠. 하늘이 시커멓습니다. 하늘은 화려한 재해를, 파괴적인 폭풍을, 격노한 말벌 무리를, 박테리아를 가득 채운 UFO의 침략을 준비하고 있나 봅니다.

그는 여전히 태평스럽고 쾌활하게 살아간다. 아마 불행 곁을 그냥 스쳐 지날 것이다.

전화기에서 정말 좌절한 사람의 잘 들리지도 않는 지친 목소리를 만나는 기쁨도 있다. 마지막 말을 하듯 말하는 사람, 마지막 의지인 것처럼 의지를 드러내는 사람. 저세상에서 나를 부르는 것 같은 사람. 게임이 끝나버려 이제는 무엇 하나 되는 게 없는 사람. 쇼펜하우어의 글을 외우고 있는 사람. 머리를 아궁이에 집어넣고 가스 밸브를 여는 사람. 15층 창가에 선 사람.

그 사람은 천사처럼 뛰어내리려 한다. 낙하산도 없이.

병원 순위도

나는 당신네 신문을 아주 좋아합니다. 정치상황에 대한 올바른 분석을, 책과 영화에 대한 비평을 좋아합니다.

〈누벨 옵세르바퇴르〉 편집장님, 올 여름 당신은 저를 많이 실망시켰습니다. 레Re 섬에서 본 여름호들은 가자미처럼 얇더군요. 시험호라는 얘기는 하지 맙시다.

무슨 일입니까?

당신네 기자들이 휴가를 떠나버려 〈5천만 소비자〉[■]의 수습기자들을 데려다 쓴 모양이죠?

지난주에 나는 병원 순위표를 보게 되었습니다. 한순간 신문을 잘못 산 줄 알았습니다. 전혀 그게 아니었습니다.

다양한 수술이 20점 만점 점수로 매겨졌더군요. 최고 점수를 받은 영예로운 병원목록도 실렸고요.

모든 전문 분야 중 최고 점수는 19.6점이었습니다. 가장 낮은 점수는 13.2점이었고요. 다행히 평균 이하의 점수도 없고, 0점도 없었습니다.

곧 엉덩이 수술을 받아야 하는 사람을 생각해 보셨습니까? 그 사람은 당신네 신문에서 자기가 갈 병원이 엉덩이 보형물에서는 20점 중 13점밖에 받지 못했고, 담낭 분야에서는 19점을 받았다는 사실을 보게 되겠지요.

[■] 공공서비스 차원에서 상업광고 없이 간행되는 소비자 정보 잡지. 지금은 〈6천만 소비자〉로 이름이 바뀌었다.

그 사람이 어쩌야 할까요? 당신이 나은 점수를 준 병원을 찾아가야 할까요? 그건 불가능합니다. 제일 가까운 병원조차 그가 사는 마을에서 수백 킬로미터나 떨어져 있기 때문입니다.

그 사람은 엉덩이를 바꾸는 대신에 담낭을 떼어내면 되겠군요.

청소기를
연주하는 여자

 전에 나는 일요일을 아주 좋아했다. 특히 봄이나 여름 끝날 무렵의 일요일을 좋아했다. 그럴 때면 작은 정원에 자리를 잡고 앉아 하늘을 바라보고, 새들이 노래하는 걸 듣곤 했다. 낙원을 꿈꾸곤 했다.
 나는 "꿈꾸곤 했다"고 썼다. 지난 행위를 가리키는 표현이다.

그 후로 이웃집 여자는 청소기를 작동시키기 시작했다. 그녀는 매주 일요일 오후마다 카처 청소기를 연주한다. 몇 시간이나 열정적으로, 광적으로, 알레그로 비바체로 연주한다. 2미터 50센티미터나 되는 테라스를 1센티미터씩 꼼꼼히 카처 청소기로 청소한다.

무시무시한 열정이다. 우리 신경을 긁어서 이성을 잃게 만든다.

나는 그녀가 주중에 일을 하지 않았더라면 아마도 도로를 청소하고, 대로들과 샹젤리제 거리, 개선문, 파리 전체와 외곽까지 청소했을 거라고 확신한다. 잿빛 얼굴을 한 프랑스를 왜 닦지 않겠는가?

때때로 나는 청소기 소리 때문에 귀가 먹먹하고, 슈베르트를 들을 수가 없다고 그녀에게 말하고 싶다. 그러나 참는다. 그녀와 눈길이 마주치면 서둘러 집으로 들어와 버린다. 난 그녀가 나한테도 청소기를 갖다댈까 봐 겁이 난다.

왜 그녀는 차라리 피아노를 연주하지 않을까?

난 뭐든 할 준비가 되어 있다. 베토벤 암살이라도 할 준비가 되어 있다.

대비 원칙

내가 어렸을 때는 길어질지도 모르는 외출을 하기 전에 사람들이 내게 물었다. "준비됐어?" 그건 곧 "오줌 눴지?"를 뜻했다.

그것은 좋은 조언이었고 현명한 대비였다. 그 후로는 대비가 현명하지 못하다. 대비가 모든 걸 침범했다. 대비가 결집해 원칙이 되어 우리 삶을 망가뜨리고 있다.

대비 원칙은 이제 대 원칙에 속하게 되었다.

등산가들은 피켈을, 고독한 항해사들은 배를, 경주용 자동차 운전자들은 자동차를, 곡예사들은 그네를, 줄타기 곡예사들은 줄을, 칼 던지는 사람들은 칼을, 호랑이 조련사들은 호랑이를 정리하고 실업자가 될지도 모른다.

산책하는 사람들도 마찬가지다. 우리가 집에서 나오다가 넘어져서 다리를 부러뜨릴 수도 있고, 개한테 물릴 수도 있고, 자동차에 치일 수도 있고, 머리에 제라늄 화분이 떨어질 수도 있고, 살해당할 수도 있다….

밖으로 나가는 건 신중한 행동이 아니다. 아니면 온몸을 꽁꽁 싸매고 약사를 찾아가 조언을 구하라.

사는 게 정말 신중한 일일까요?

거리
인터뷰

왜 TV 뉴스에서는 그렇게 자주 거리 인터뷰를 할까?

기자들은 의욕이 없는 걸까? 아니면 할 말이 없는 걸까? 그들이 마이크를 내미는 사람들도 할 말이 없긴 마찬가지라는 걸 당신도 아마 눈치 챘을 것이다.

불이 난 집의 이웃 남자는 할 말이 없다는 얘기를 오래도록 늘어놓는다. 그는 아무것도 보지 못했고, 아무 소리도 듣지 못했다. 자고 있었기 때문이다. 잠을 자지 않은 이웃은 연기 때문에 아무것도 보지 못했다.

발목까지 물에 잠긴 수재민은 이런 경우는 처음 보았고, 모든 걸 잃게 되었다고 말하며 물에 눈물을 보탠다.

이웃들은 희생자들에 대해서는 거의 말이 없고 자기들 얘기만 한다. 그들은 재앙이 자신들에게도 닥칠 수 있다고 상상한다. 한 아이가 사라졌을 때 가장 많이 우는 엄마는 같은 나이의 아이를 둔 엄마들이다.

그들에게는 희생자들을 위해 흘릴 눈물이 남아 있지 않다.

계산원의
인사

왜 그녀는 내게 "좋은 하루 되세요"라는 인사를 할까? 나를 알지 못하고, 내가 내 하루를 어떻게 보낼지 알지도 못하면서. 오늘 인사는 시의적절치 못했다. 내가 어머니를 땅에 묻고 돌아오는 길이니 말이다.

나는 그녀가 내 하루에 대해 전혀 신경 쓰지 않는다고 확신한다. 나는 물었다. 내가 좋은 하루를 보내기를 정말 바라는지. 그녀는 사실 신경 쓰지 않는다고, 모르는 사람에게 하루에도 수백 번씩 좋은 하루 되라는 인사를 한다고 내게 털어놓았다.

계산원을 시켜 우리가 좋은 하루 보내길 바라도록 강요하는 건 사장이다.

여직원의 상냥함과 나를 향한 배려가 내 지갑을 더 활짝 열도록 부추길 거라고 사장은 생각한다. 사장에게 나는 한 인간이 아니라 하나의 지갑이다. 내게 지갑이 없다면 나는 존재하지도 않을 테고, 엉덩이에 발길질을 당하고 가게에서 내쫓길 것이다. 나는 "좋은 하루"라는 인사는커녕 "잘 치웠다"라는 소리밖에 못 들을 것이다.

"좋은 하루"라는 말은 우리가 오랫동안 사용한 말로 이제는 슈퍼마켓에서 파는 공장 칠면조 고기처럼 맛도 의미도 잃어버렸다.

이따금 그녀는 갈피를 못 잡고 저녁 여덟 시에 "좋은 하루 되세요"라고 하거나, 오전 아홉 시에 "좋은 저녁시간 되세요"라고 말하기도 하고, "맛있게 드세요"나 "건강하세요"라고 인사하기도 한다…. 그녀는 모든 걸 뒤섞고 자신이 무슨 말을 하는지 알지 못한다.
 내가 좋은 하루를 보내길 바란다면 제발 아무 말도 하지 마세요.

 그러면 나는 좋은 하루를 보낼 겁니다.

탈라소테라피

 나는 어떤 방에서 옷을 홀딱 벗고 있다. 내 앞에는 푸른 블라우스 차림에 나이를 알 수 없는 아주머니가 침울한 얼굴로 서 있다.
 그녀의 손에는 호스가 들려 있고, 그 호스에서 물이 나오고 있다. 바닷물인 모양이다. 아주머니는 마치 내가 더러운 자동차나 무화과나무라도 되는 듯이 내게 물을 끼얹는다.

그녀는 물치료사다. 나는 탈라소테라피를 받고 있다. 참 예쁜 말이다. 그리스어에서 온, 학구적이고 인상적인 말이다. 바다를 뜻하는 '탈라사'와 치유해주는 '테라피'.

나는 건강을 되찾을 것이다. 분위기는 평온하다. 양로원과 통증완화치료 요양원과 영안실 중간쯤 되는 분위기다.

음악과 조명은 부드럽다. 사람들은 느린 걸음으로 걷고, 서로 얘기하지 않는다. 웃자고 여길 온 게 아닌데다 어쨌든 웃을 일도 없기 때문이다. 그래도 우리에게 나누어준 비닐 머리쓰개가 우리를 슬프지 않은 얼굴로 만들어 주었다. 치료를 받는 틈틈이 우리는 자기계발을 할 수 있다. 잡지 〈파리 마치Paris Match〉와 〈부아시Voici〉가 앉은뱅이 탁자 위에 널려 있다.

물치료사들은 친절하고 진지하며, 자신들이 맡은 임무의 중요성을 잘 알고 있다. 이따금은 할증요금을 받고 무기물의 피부 흡수를 도와주는 해초 크림과 가리비 즙을 우리에게 발라주기도 한다.

무엇보다 그들은 바닷물 속에 든 미네랄소금과 미량 원소를 피부에 흡수시켜주는 물마사지 목욕을 시작하고 중단하는 스위치들을 누르는데, 그것이 그들의 주된 업무다.

그런데 바다는 어디 있을까?

바다는 보이지 않는다. 감옥에 갇혀 있다. 바다는 대형 유리병 속에 갇혀 있다. 회랑처럼 긴 관 속을 떠돈다.

다행히 나는 바다가 멀지 않다는 걸 안다. 진짜 바다 말이다. 창문 너머로 볼 수 있을 것이다. 나는 도망친다. 창문으로 뛰어내려 바다를 향해 달린다. 자유로운 바다, 나는 그 속에 뛰어든다. 그러자 바다는 나를 치고, 문지르고, 뒤흔들고, 부수고, 씻고, 뱅뱅 돌리고, 물기를 빼고, 내 근육을 긴장시키고, 나를 튼튼하게 만들어준다. 이것이야말로 탈라소테라피다.

나는 가리비 즙을 이용한 건강 패키지 요금을 지불하지 않고 달아났다.

세금 신고

 친애하는 부인, 얼마 전 저는 당신께 고백을 했습니다. 올해 내가 돈을 많이 벌었다는 걸 당신도 알게 되었죠.
 아마 당신은 흡족해 하시겠지요. 내가 번 돈이 당신에게도 득이 된다는 걸, 우리가 그걸 함께 나누게 되었다는 걸 아셨으니까요. 나야 세금을 많이 내게 될 테지만, 그건 당연한 일이지요.
 제게 보내신 마지막 편지에서 당신은 제가 지불해야 할 상당한 금액을 알려왔고, 두 가지 정보도 함께 첨부하

셨더군요.

첫 번째 정보는 이것이었죠. "정해진 지불날짜까지 지불되지 않은 금액에 대해서는 10퍼센트의 과태료가 붙습니다."

두 번째 정보는 이것이었습니다. "5만 유로 이상의 금액은 반드시 직접 입금하거나 만기자동납부, 또는 계좌이체를 이용해야 합니다. 그러지 않을 경우 지불금액의 0.2퍼센트의 과태료가 적용됩니다."

온통 협박뿐이더군요.

당신은 아랑곳하시지 않겠지만 그래도 저는 친절한 말 한 마디, 감사나 축하의 인사말 한 마디쯤은 기대했음을 고백합니다. 당신은 기쁨을 잘도 감추시더군요.

올해 내가 많은 돈을 번 것은 일을 많이, 평소보다 더 많이 했기 때문입니다.

정말로 당신은 내가 다음번에 더 열심히 일하고 싶을 거라고 생각하십니까?

젊은이와
늙은이

 미국 항공사가 어른을 동반하지 않은 아이들이 따로 마련된 공간에서 여행할 수 있게 하기로 결정했다는 사실을 나는 라디오를 듣고 알게 되었다.
 왜 그런 결정을 했을까? 아이들을 어른들과 떼어놓으려고? 장거리 여행에서 강간이 일어날까봐 겁이 나서일까?
 어렸을 때 나는 어른들을 아주 좋아했다. 어른들은 내

게 가르쳐줄 것을 많이 알고 있었기 때문이다. 어떤 어른은 멘델스존의 〈바이올린 협주곡〉을 내게 들려줘 클래식 음악에 대한 기호를 갖게 했다. 미술관 관리자인 어느 어른은 내게 미술에 대한 기호를 갖게 했다. 프랑스어 교수였던 나이 드신 신부님은 내게 프레베르를 알게 해 시에 대한 기호를 갖게 했다. 어느 정비사는 내게 자전거를 혼자서 수리하는 법을 가르쳐주었다. 어른들 덕에 어린 시절 내 삶은 흥미진진해졌다. 그리고 그들은 나를 강간하지 않았다.

이제 젊은 사람들은 이런 기회를 갖지 못하게 될 것이다. 늙은이들과 분리될 테니까.

이제 기차와 지하철과 버스에는 아이들을 위해 따로 마련된 칸이 생겨날 것이다. 신중해서 지나칠 건 없죠, 라고 멍청이는 말한다.

아이들이 왜 그러냐고 물으면 뭐라고 대답할 건가? 어른들을 경계해야 하고, 미소를 짓는 어른이 있으면 경찰을 불러야 한다고 말하면 아이들은 공포에 사로잡

힐 것이다.

  아이들이 이미 우리를 좋지 않게 생각하는 것 같지 않는가?

  어린 사람들에게 무엇보다 위험한 건 늙은 꼴통들이다.

실내음악

 얼마 전 나는 내 방에 놓을 하이파이 스테레오를 사러 가전제품 상점에 갔다. 나는 한 모델을 골랐고 들어보고 싶었다. 판매원은 내가 어떤 음악을 주로 듣는지 물었다. 나는 클래식 음악, 실내음악이라고 대답했다. '실내음악'이라는 말에 그는 알겠다는 듯 미소를 살짝 띠더니 말했다. "실내에서 들으시려면 당연히 그러시겠죠." 그런데 곧 그의 얼굴이 어두워졌다. 그의 눈에 불안의 기색이 비치는 것도 같았다. 그는 마치 혼잣말을 하듯 아주 나지

막이 '클래식'이라고 반복하더니 곧 다시 상업적인 미소를 지었다. 그는 말했다. "물론이죠. 잠깐만 기다려 주시겠습니까?" 그러더니 사라졌다. 가게 안에서 뭔가를 뒤지는 듯 소란스런 소리가 들려왔다. 전 직원이 모여서 뭔가를 찾고 있었다.

상자 뒤지는 소리가 들렸다. 대화도 드문드문 들려왔다. "벽장에 봤어?…." "그 위에 있는지도 몰라…." "못 본 지 한참 됐는데…." "한 번도 써본 적이 없어…." "그런걸 요구하는 사람은 한 명도 없었어…."

5분은 족히 지나서 그가 거북스런 얼굴로 돌아왔다. 그는 오래 전에 클래식 음악 CD가 하나 있었는데 찾을 수가 없다고 털어놓았다. 그러더니 단언했다. "그렇지만 곧 찾을 겁니다."

"기다리시면서 다른 음악을 들어보시지 않겠습니까?" 그는 수천 개의 다양한 음반으로 넘쳐나는 진열대를 가리켰다. 그는 플라스틱 의자와 역시나 플라스틱으로 된 컵에 담긴 커피를 내게 권했다. 나는 사양했고, 그는 아무 말 없이 내 곁에 서 있었다.

다른 판매원이 CD 하나를 들고 왔다. 그가 환한 얼굴로 케이스를 열었다. 비어 있었다.

나는 그만 됐다고 말하고 상점을 나왔다. 그는 나를 붙드는 시늉을 하더니 멀어지는 나를 일그러진 얼굴로 바라보았다. 그는 미소를 잃었고, 손님도 잃었다.

사장님, 왜 당신 가게는 클래식 음반을 고를 기회를 주지 않습니까?

바흐, 모차르트, 베토벤이 인류에게 행복의 순간을 제공하기 위해 촛불 아래에서 여러 날 밤을 새며 고생해서 작업한 게 다 무슨 소용이랍니까?

최고급 스테레오를 가졌고 앰프를 파시는 분께서, 이 음악가들의 작품을 대중에게 들려줄 능력을 가지신 분께서, 모두에게 그 혜택을 누리게 해줄 능력을 가지신 분께서 왜 그러지 않는 겁니까?

아름다운 것을 팔면서도 돈은 벌 수 있잖습니까.

타인의 자리

"내가 당신 자리에 있다면"이라는 말은 왜 하셨죠?

제발이지 당신 자리에 그대로 있으세요. 우선 난 누가 내 자리에 서는 걸 원치 않습니다. 특히나 앉은 자리라면 더더욱 원치 않습니다. 당신이 내 자리를 차지하면 내 자리는 없어질 텐데 난 어디에 앉습니까? 내 자리엔 두 사람을 위한 공간이 없습니다. 설마 내 무릎에 앉을 생각은 아니겠죠? 그저 호의를 보이려고 하신 말이겠죠. 나한테

닥친 불행에 대해 연민을 느끼고 슬픔을 함께 나누려는 것이겠죠.

불행 앞에서 사람은 결코 같은 자리에 있을 수 없습니다. 극장처럼 가장 비싼 자리인 맨 앞줄에 앉은 사람이 있고, 뒤에 앉은 사람이 있는 것이죠.

우리가 누구의 불행을 대신할 수는 없습니다.

늪에 매몰되고 있는 사람을 상상해 보세요. 당신이 그 사람 자리에 선다면 그와 함께 매몰됩니다. 그를 꺼내고 싶으세요? 그러면 안전한 땅인 당신 자리에 남아서 그에게 손을 내미세요.

제발 부탁이지만 당신 자리에 그대로 있으세요. 맹인에 관한 농담을 하면, 눈은 잘 보이지만 이해는 잘 못해서 이렇게 화를 내는 사람이 꼭 있죠. "맹인들의 입장에 서니 도무지 웃을 수가 없네요." 그렇지만 맹인들은 웃었는걸요.

똑똑한 사람들의 자리에 서지 마세요. 아마 당신 자리가 아닐 겁니다.

부동산 개발업자

 바람 없는 어느 날, 부동산 개발업자가 바다를 바라보았다.
 물이 빠져 바다는 수 킬로미터의 모래밭을 드러내고 있었다. 간조였다.
 그는 놀고 있는 그 넓은 땅을 생각했다. 주인 없는 땅이었다.
 그는 바다로 돈을 벌 수 있을 온갖 것을 생각했다.

우회순환도로, 망루, 물 위에 세운 주거지, 까마득히 펼쳐진 대로, 해변종합관광단지 따위를 상상했다.

그 덕에 사람들은 바다 쪽으로 난 전망을 잃었다. 새우들은 달아났고, 조개들은 산 채로 시멘트 속에 묻혔다.

한 뼘 남은 해변에 서서 나는 자동차 사이로 조금 남은 바다를 바라본다. 바닷소리는 이제 들을 수 없다. 수상스쿠터 소리밖에 들리지 않는다. '개발업자'라는 말 속에는 '모터'가 들어 있다.

개발업자는 이제 여기 없다. 그는 멀리 떠났다. 고독과 침묵을 찾아 바다가 끝없는 모래사장 위로 펼쳐진 마법의 나라로 갔다.

그는 바다를 바라보면서 놀고 있는 그 넓은 땅을, 주인 없는 땅을, 바다로 벌 수 있을 그 모든 것을 생각한다….

우리는 바다로 돈을 벌려다가 바다를 잃는다.

텔레비전에
비친 행복

왜 텔레비전에서 보여주는 행복의 이미지는 대개 돈을 많이 벌었거나 곧 벌 사람들의 이미지일까? 왜 이제 막 골을 넣은 축구선수, 방금 선출된 미스 프랑스, 텔레비전 게임에서 방금 이긴 사람들일까?

그들은 비명을 지르고, 기뻐서 환호하며, 발을 구르고, 춤을 추고, 울고, 부둥켜안고, 바닥에 뒹굴고, 사회자를 끌어안는다.

 행복할 다른 이유가 지구상에 없단 말인가? 다른 행복의 이미지는 없을까?

 아무것도 아닌 일로 행복해 하는 사람들은 왜 보여주지 않을까? 그저 여기 살아 있다는 사실에 행복해 하는 사람은?

 매일 아침 해가 뜨기 때문에 행복한 사람. 봄이라서 행복하고, 나무에 싹이 터서 행복한 사람. 여름이라서, 더워서, 샘물이 시원해서 행복한 사람.

 가을이어서, 숲이 불타는 색을 띠어서 행복한 사람.

 겨울이어서, 밖은 추운데 안은 따뜻해서 행복한 사람.

 멋진 책을 읽어서 행복한 사람. 바람소리를 좋아해서 행복한 사람, 말을 해서 행복하고, 다른 사람들이 들어주어서 행복한 사람.

 음악을 들어서 행복하고, 멋진 그림을 그려서 행복하고, 또는 맛있는 음식을 만들어서 행복한 사람. 마룻바닥이 반짝이고 자동차가 반짝여서 행복한 사람. 아이가 글

쓰기에서 좋은 점수를 받아서 행복한 사람.

멋진 문장을 써서 행복한 사람. 고통이 사라져서 행복한 사람.

사람들은 "바보처럼 행복하다."고 말한다. 행복한 건 그렇게 바보스러운 일이 아니다.

따옴표

    왜 우리는 손가락으로 우스꽝스런 동작을 해가며 점점 더 따옴표를 많이 쓸까? 전에는 소크라테스나 라신이나 보들레르를 인용할 때나 따옴표를 썼다.

    이제는 그런 사람들을 거의 인용하지 않는다. 따옴표는 철조망이 되었다. 말로부터 우리를 보호하는 철조망이다.

    이제 우리는 말을 겁낸다. 말이 상처를 입히고 피 흘리게 해 백지에 혼적을 남길까봐 겁을 낸다.

처음에 우리는 물지도 모르는 위험한 말만 따옴표 안에 넣었다. 따옴표를 열고 말을 집어넣고 우리를 닫듯 얼른 따옴표를 닫았다. 말이 다시 나오지 못하도록. 서커스에서 무대에 세우는 맹수들에게 하듯이 말이다.

이제 우리는 고양이처럼 순하고 위험하지 않은 말들도 따옴표 안에 가둔다.

꼭 고양이를 고양이라고 부르는 걸 겁내는 것 같다.

거만한 경찰관

왜 그는 거만하고 경계하는 표정으로 나를 쳐다볼까? 난 아무 잘못도 하지 않았다.

그의 시야에 들어서면 나는 사격장을 가로질러 가는 기분이 든다. 나는 총에 맞을까 겁이 나서 걸음을 재촉한다. 그는 나를 보면서 이렇게 생각한다. "저자는 뭔가 꺼림칙한 게 있는 것 같은데." 그가 나를 따라온다. 나는 달린다. 그가 나를 따라잡는다.

결백하다고 추정되는 나를 왜 그는 죄인 보듯 쳐다보는 걸까? 저 허세 부리는 표정은 뭐지? 내 숨통을 끊고 싶은 걸까?

나는 자동차를 훔치지도 않았고, 보험도 들었고, 아주 예의바르기도 하고, 그를 더러운 경찰로 취급하지도 않았다. 경찰을 모욕한 일도 없고, 성실한 시민으로서 세금도 냈고, 투표도 했고, 아직 아무도 죽이지 않았으며, 경찰을 싫어하지도 않는다. 그는 안심해야 마땅하다.

그런데도 그는 여전히 웃지 않고, 여전히 눈에 적의가 가득하다.

그가 웃는 걸 보려면 내가 뭘 해야 할까? 내 차 트렁크에 시체라도 하나 넣어두어야 하나?

나는 깨달았다. 그는 실망한 것이다. 그는 큰 사냥감을 쫓고 있는데, 내가 흥미로운 먹잇감이 못 되는 것이다.

고양이 새끼밖에 못 만날 사자 사냥꾼이다.

도둑

내가 당신 생각을 자주 한다는 것, 아십니까? 나만 그런 게 아닙니다. 매일 당신을 생각하는 사람이 수천 명이나 됩니다.

"내가 현관문을 이중으로 잠갔던가?" "차고의 자물쇠 잠그는 건 잊지 않았나?" "창문을 열어 두지는 않았나?" "덧문은 잠갔나?" "열쇠를 어디다 두었지?" "열쇠 어디 있는지 알아? 당신이 가졌어?-아니, 당신이 가졌지.-아냐, 당신이야." 당신 때문에 난 부부싸움까지 하게 생겼습니다.

당신 때문에 내 주머니엔 열쇠만 가득 들었습니다. 내가 달리면 방울을 잔뜩 단 말이 달리는 소리가 납니다.

친애하는 도둑 선생, 당신이 아직 나한테서 아무것도 훔치지 않았지만 난 절망하지 않습니다. 언젠가는 닥치리라는 걸 난 압니다. 기다리고 있습니다. 그런데 기다리는 것이 더 힘듭니다.

당신이 바쁘시다는 건 알지만 나를 배려해서 너무 늦진 말아 주세요.

한 번 훔치시고 나면 다시는 이 얘기를 하지 맙시다.

일단 작업을 끝내고 나면 당신 동료들에게 통보해주시면 고맙겠습니다.

그 친구들이 헛걸음을 하지 않도록 말입니다.

무례한 음악

당신은 집에서 마실 것을 한 잔 들고 친구들과 이야기를 나누고 있습니다. 대화는 활기차고 주제도 흥미롭습니다. 갑자기 당신이 벌떡 일어나 스테레오를 켜고는 "노래 하나 들려줄게."라고 말해 모두를 입 다물게 만듭니다. 아무도 요구하지 않았는데 말입니다.

당신은 이런 과잉행동을 할 수 있다고 생각합니까?

물론 아니겠죠. 그건 너무 교양 없는 짓이 될 테니까요.

라디오 국장님, 죄송하지만 국장님께서는 이런 일을 청취자들에게 아무렇지도 않게 하고 계시다는 말씀을 드려야겠습니다. 인터뷰 상대에게 사전에 말이라도 하신다면 그래도 이해하겠습니다. "말씀을 잘라 죄송하지만 어쩔 수가 없군요. 굶고 있는 가수가 있는데 노래를 틀어달라고 정중하게 부탁을 해와 거절할 수가 없네요. 선의에서 하는 행동이니 양해해 주세요."

조니 할리데이나 플로랑 파니가 말년을 힘들게 보내고 있는 모양입니다. 도와야 합니다.

개그맨

나는 텔레비전에서 그를 보지만 그의 말을 듣지는 못한다. 주변에 소음이 너무 많다. 나는 비스트로에 앉아 내 슬픔을 희석하고 있다.

그가 하는 얘기가 굉장히 웃긴 모양이다. 아주 크게 웃고 있는 걸 보면.

그는 너무 웃는다. 진짜 개그맨은 웃지 않고 웃긴다. 대중은 그가 생각하는 것만큼 어리석지 않아서 개그맨이 자기보다 먼저 웃으면 웃을 필요를 못 느낀다. 그는 웃음으로써 직업적인 오류를 범하고 있다.

나는 나를 웃게 만드는 사람들을 누구보다 존경한다. 그런 사람들은 대개 슬프고, 불안하고, 수줍은 얼굴이다. 그들은 자신도 없어 보이고, 자기를 쳐다보는 많은 사람들 앞에서 자신이 무엇을 하고 있는지 모르겠다는 표정이다. 때로는 그들이 겁을 먹고 도망치고 싶어 한다는 느낌마저 든다.

그들이 농담을 하는 건 행복해서가 아니라 행복하지 못해서이고 행복해지고 싶어서다.

저 사람은 행복하다. 너무 행복하다. 지나치게 자만하고 걱정도 없다. 그는 자신이 못 견디게 웃기고 재치 넘친다고 생각한다. 자기가 입만 뻥긋 열면 아무 말 안 해도 모두가 웃기 시작하리라고 알고 있다. 왜냐하면 그는 굉장히 웃긴 사람이기 때문이다.

텔레비전 사회자가 관중을 부추겨서 실패할 위험이 있는 그의 농담에 박수를 강요하는 것도 그를 돕는 일이 못 된다.

어느 날 관중이 웃지 않게 되는 걸 상상해 보라. 어쩌면 그는 이런저런 의문을 품을 것이다. 그는 당혹해하며 매우 불행해질 것이다. 너무 슬퍼서 자신을 파괴하고 싶을 것이다.

어쩌면 그때서야 마침내 그는 웃기는 사람이 될 것이다.

공회전

 그는 자기 자동차에 앉아서 15분 전부터 웬 행인과 이야기를 나누고 있는데, 자동차 모터는 계속 돌아가고 있다.
 당신은 당신 자동차의 모터가 당신 아이들이 호흡하는 공기를 오염시킨다는 사실을 알고 있잖습니까. 자동차가 당신을 실어 나를 때라면 당신의 모터를 용서하겠어요.

그런데 이건 뭡니까? 왜 모터가 돌고 있죠? 분위기를 살리려고? 모터는 공회전을 하고 있고, 배기통의 가스가 하늘로 올라가고 있습니다. 당신은 새들과 새들의 작은 폐를 가끔은 생각해보십니까?

곧 사냥철이 시작됩니다. 당신은 새 몇 마리를 죽이고 그걸 먹겠지요. 시커먼 폐를 가진 새를 먹고 싶습니까? 아마도 당신은 이런 생각을 할 테지요. "모터 하나가 더 있고 없다고 해서 달라질 건 없다."고 말이죠. 세상의 모든 멍청이가 당신처럼 생각한다면 모터 하나가 아니라 수천 개의 모터가 공회전을 하게 될 것이고, 수 톤의 이산화탄소가 대기를 오염시킬 것입니다.

게다가 소음도 있습니다. 모터 소리가 당신 대화에 방해가 되지 않습니까?

그리고 당신 모터 생각은 안 하십니까? 쉬지 않고 돌아가는 건 모터에도 안 좋지요. 모터가 식을 짬 없이 계속 데워지면 기능이 저하되니까요.

공기의 질이나 오염, 새의 폐나 당신 아이들의 건강 따위는 아랑곳하지 않더라도 당신 모터의 건강만큼은 무시하지 마세요.

 그러니 제발 부탁이니 멈춰 섰을 때는 모터를 꺼주세요.

"있을 수 없다"는 말

"있을 수 없다."는 말이 나는 거슬린다. 너무 많이들 쓴다. 아마도 할 말이 없을 때, 달리 무슨 말을 해야 할지 모를 때 쓰는 것 같다. 시적으로 보이려고 쓰는 걸까?

적확한 말을 찾지 못한 사람들의 펜 아래에서 풍경, 해변, 외곽, 시골, 만남… 이 모든 게 있을 수 없는 것으로 변한다.

"있을 수 없다."는 갖가지 소스를 쳐서 만드는 요리처럼 아무 맛이 없다. 약을 잘 집어삼키게 하려고 집어넣는 부형제 같고, 근대 같다. 근대 요리에서 맛있는 건 소스다.

"있을 수 없다."는 말을 하고 싶으면 참고 침묵에 잠깐 자리를 내주시라.

뭔가를 의미하는 온갖 예쁜 말들, 유행이 아니어서 사람들이 절대 끄집어내지 않고 바람을 쐬어주지 않아 따분해하다가 결국 사전에서 곰팡이가 슬어가는 예쁜 말들을 떠올리면

나는 "형언할 수 없다."는 말이 생각난다….

종이컵

호시절에 우리는 와인을 예쁜 잔에 따라 마셨다. 그 잔은 유리이거나 크리스탈이었고, 때로는 무늬까지 새겨져 있었는데, 투명해서 와인의 색을 볼 수가 있었다. 아름다웠다. 요즘은 종이컵이나 플라스틱 컵에 따라 마신다. 훨씬 위생적이다. 유리잔은 곧 음식점에서 사라질 것이고, '유리'라는 말도 사전에서 사라질 것이다. 둥근 잔, 긴 잔, 반구형 잔이라는 말 대신에 컵이라는 말만 쓰게 될 것이다.

전에는 커피를 커피잔에 따라 마셨다. 커피잔은 도기로 된 것도 있고, 섬세한 자기로 된 것도 있었다. 어떤 잔에는 꽃이 그려져 있어 예뻤다. 이제 우리는 종이컵에다 커피를 마신다. 훨씬 위생적이기 때문이다. 컵은 씻지 않고 쓰레기통에 버린다. 유리는 씻어도 세균이 남는다. 종이컵과 더불어 세균 문제는 해결되었다. 커피는 마셔도 위험하지 않은 음료가 되었다. 다만 미지근하고 맛이 없어서 종이컵과 같이 쓰레기통에 던져버리고 싶은 게 문제다. 중요한 건 병에 걸리게 하지 않는다는 점이다. 그러지 않았다간 손님이 카페주인에게 달려들지도 모른다.

카페주인은 맛없는 커피를 만들 권리를 얻었다.

맛없는 커피는 합법적이다.

금지된 창문 열기

E PERICOLOSO SPORGERSI

　요즘 우리는 점점 창문을 덜 연다. 유리로 된 고층건물에는 아예 창문이 없다. 공기는 자연공기가 아니다. 우리는 조절된 공기를 호흡한다. 이젠 하늘로 몸을 날려 뛰어내릴 수조차 없다.
　버스에 탄 승객들 사이에 창문을 여는 일로 실랑이가 벌어지면 창문을 닫고 싶어 하는 사람에게 우선권이 주어진다. 왜 추위를 겁내는 사람에게 우선권을 줄까? 왜냐

하면 공기 속에 세균이 있기 때문이다. 밖에는 무뢰한들이 있기 때문이다. 그러니 자기 집에 틀어박혀 텔레비전 앞에 앉아 있는 편이 낫다.

기차 창문 아래에는 위험하니 기대지 말라고 쓰여 있다. TGV에서는 이런 문제가 제기되지 않는다. 창문을 열 수 없기 때문이다.

이제 우리는 철로를 수리하는 용감한 철도 인부들에게 맥주캔을 던져줄 수도 없다. 소들에게 우정의 손짓을 보내기 위해 몸을 내밀 수도 없다.

우리는 창문을 여는 사람은 좋아하지 않고 닫는 사람을 선호한다.

멋진 하루

 왜 그는 오늘도 화창하고 멋진 날이 될 것이며, 비는 내리지 않을 것이라고 환하게 웃으며 알리는 걸까? 몇 달째 비가 내리지 않아 밭이 곧 사막으로 변할 지경인데 말이다. 목말라 죽어가고 있는 상추들에게도, 말라 비틀어져 고개 숙인 밀들에게도, 바싹 말라버린 이삭에게도 멋진 날이 될 거라고 생각하는 걸까?
 상추와 채소와 꽃과 식물과 경작자에게 멋진 날이란

비 내리는 날일 것이다. 채소들은 장사꾼 같은 그의 미소가 싫을 것이다. 농민들도 그가 싫을 것이다. 농민들은 건장한데다 쇠스랑까지 갖고 있다.

그가 휴가 보내는 사람들, 살갗을 태우고 싶어 안달하는 사람들을 위해 날씨를 예고한다는 느낌이 자주 든다. 그는 일하는 사람들은 생각하지 않는 것 같다….

상추도 가진 인정人情을 기상캐스터는 못 가졌다.

"이 동네
사람이 아님"

조금 전부터 나는 길을 못 찾고 헤매고 있다. 존재하지 않는 것 같은 길을 찾고 있다. 행인들에게 물어보려 했지만 많은 사람들이 모자를 귀까지 내려쓰고 있다. 그들은 내 말을 듣지 못했고, 난 거듭 말하지 않았다.

드디어 모자를 쓰지 않은 행인을 발견하고 나는 길을 물었다. 그는 미안하다며 멋진 미소를 띠고 내게 말했다. "이 동네 사람이 아니어서요." 나는 계속 걸었다. 다른 행인을 만났지만 그도 이 동네 사람이 아니었다. 세 번째, 네 번째 행인도 이 동네 사람이 아니었다. 한 동네에서 만날 수 있는 수많은 행인들이 이 동네 사람이 아닌 건 놀라운 일이다. 그들이 사실을 말하는지, 아니면 그냥 방해받지 않으려고, 길을 설명하느라 시간을 허비하고 싶지 않아서 하는 말인지 모르겠다.

나는 점점 더 짜증이 났다. 약속시간에 늦게 생겼다. 열 번째 행인이 활짝 웃으며 이 동네 사람이 아니라며 미안하다고 했을 때 나는 그가 나를 놀린다는 생각이 들어 폭발했다. 미친 사람처럼 이렇게 소리를 지른 것이다.
"그러면 여기서 뭘 하는 겁니까? 당신 동네가 아니면 여기서 할 일도 없지 않습니까. 당신 동네로 돌아가세요!"

그는 내게 대답하지 않았다. 그저 나를 향해 다가왔다.

나는 한쪽 눈이 시커멓게 변했고 코에서는 피가 흘렀다.

보건부 장관(2)

　보건부 장관님, 장관님께서 라디오로 들려주신 메시지 덕에 바깥 날씨가 아주 추우니 감기 걸리지 않도록 조심하고 옷을 따뜻하게 입고 되도록 실내에 머무는 게 좋다는 사실을 방금 알게 되었습니다.
　보건부 장관님, 늙은이들을 이렇게 생각해 주시니 참으로 친절하십니다. 늙은이들은 종종 정신이 없어서 상체를 벗은 채로 외출했다가 죽을지도 모르는데 말입니다.

여름엔 너무 더우니 특히 나이 든 사람은 시원한 음료를 마셔야 하고, 그늘에 머물고, 선풍기를 사용해야 한다고도 알려주시더군요. 보건부 장관님, 늙은이들을 이렇게 생각해 주시니 참으로 친절하십니다. 늙으면 생각을 안 해서 기온이 50도인데 상체를 벗은 채로 밖에 나갈지도 모르는데 말입니다.

보건부 장관님, 비올 때도 늙은이들에게 비에 젖으니 나가지 말라고 알려주셔야 할 겁니다. 우비를 입거나 우산을 써야 하는데 늙으면 이런 생각을 못하니까요. 늙으면 더 이상 생각이라는 걸 못 하니까요.

장관님께서 이렇게 우리를 생각해 주시니, 우리를 위해 생각을 대신해 주시니 참으로 다행입니다.

장관님은 우리를 젊게 만들어 주십니다. 장관님 덕에 우리는 유치원으로 돌아가게 생겼습니다.

장관님, 왜 우리를 바보로 여기십니까?

바쁜 자살자

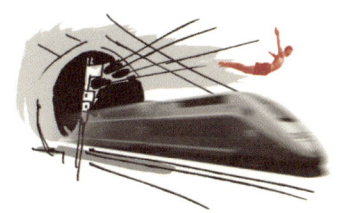

 나는 테제베를 타고 있었다. 앙굴렘 근처에서 열린 도서축제에 다녀오는 길이었다. 두시간 후면 파리에 도착하게 되어 있었다.
 그건 당신을 고려하지 않은 계산이었다. 당신은 다리에서 뛰어내렸고, 내가 탄 기차는 당신이 거기 있으리라고 예상치 못했기에 당신을 치고 말았다.
 기차는 다섯 시간이나 연착했다. 나는 새벽 네시에 기

진맥진해서 인적 없고 택시도 없는 파리에 내렸다.

당신이 죽기로 결심한 데는 그럴 만한 이유가 있을 거라고 믿습니다. 세금은 오르고, 아내는 떠났고, 사장은 비열하고, 그날 아침엔 주차를 잘못해서 딱지까지 끊겼던 게지요. 게다가 설상가상으로 비까지 내렸습니다. 그런데 당신 몸을 갈가리 찢으려고 왜 하필 테제베를 택했는지요? 더 빨리 달리니 고통도 빨리 끝나려니 생각한 겁니까?

당신은 서둘러 끝내고 싶었겠지만 우리도 서둘러 도착하고 싶었습니다.

테제베에는 바쁜 사람들이 많습니다. 바쁘지 않았다면 자전거를 탔겠죠. 그 사람들은 일터에 서둘러 가야 하거나 아니면 얼른 가서 아이들을 안고 싶었을 겁니다. 당신 때문에 들판에 앉아 몇 시간을 보내야 했던 우리 선량한 승객들은 당신의 선택이 달갑지 않다는 걸 이해해 주십시오.

당신 몸을 찢으려면 차라리 화물열차를 선택하지 그러셨습니까?

Ça m'agace !

지하철의 연주자를, 내 이웃의 청소기를, 보건부 장관의 조언을, ARS 서비스를, 좀을, 모기를, 웃기지 않는 개그맨을, 따옴표를, 맛없는 커피를, 비둘기를 피해 도망치기 위해…

난 화물열차를 택하겠다.

- 옮긴이의 말

우리를 짜증나게 하는 것들

　살면서 우리는 수도 없이 짜증나는 상황에 맞닥뜨린다. 우리를 투덜거리게 하는 위험요소가 사방에 매복해 있다. 집요하게 물고 늘어지는 전화판매원의 전화에 불쾌해질 수도 있고, 참치 캔을 따다가 고리가 똑 끊어지거나 손을 베어 화가 날 수도 있고, 가뜩이나 교통 정체에 짜증이 나 있는데 갓길로 앞질러 끼어드는 얌체 운전자 때문에 욕설을 내뱉게 될 수도 있고, 거리의 상점마다 경쟁하듯 쏟아내는 소음에 불쾌해질 수도 있고, 불편사항을 신고하려고 전화를 걸었다가 일방적인 녹음 목소리의 지시대로 온갖 번호만 누른 후 끝내 처리하지 못하고 전화기를 집어던질 수도 있고, 알맹이 빠진 상투적인 말에 기분이 상할 수도 있고, 과대광고에 속아 산 조잡한 물건 때문에 화가 치밀 수도 있고, 막장드라마의 맥락 없는 진행에 혀를 내두르게 될 수도 있다.

이렇게 일상에서 우리를 짜증나게 만드는 상황들을 작가는 마흔일곱 편의 짤막한 에피소드로 얘기한다. 재치 넘치는 냉소적 유머로 잘 알려진 작가 장-루이 푸르니에가 포착한 일상 장면들에 우리는 웃으며 고개를 끄덕이게 된다. 지나친 안전주의는 위생적이지만 맛없는 커피를 먹게 만들었고, 사람과 사람을 갈라놓았고, 창문과 신선한 공기를 포기하게 만들었다. 진보는 속도를 얻게 해주었으나 소음까지 덤으로 얹어 주었고, 편의성의 추구는 새로운 불편을 가져왔고, 상투적인 표현들은 말의 의미를 잃게 만들고 인간관계까지 좀먹었다. 이것이 작가가 진단하는 오늘날 우리의 삶이다. 그의 간명한 메시지들은 우리가 일상에서 겪는 속박과 횡포를 집어내고, 진보하는 우리 삶이 잃고 있는 소중한 것이 무엇인지를 지적한다.

 프랑스 작가의 투덜거림이 어쩌면 우리나라 독자에게는 조금 싱겁게 들릴지도 모르겠다. 우리가 처한 삶의 조건이 훨씬 더 열악해 보이고, 우리가 겪는 속박과 횡포의 강도가 훨씬 더 크게 느껴지기 때문이다. 우리의 짜증을 불러일으키는 많은 상황이 과잉에서 비롯된다. 푸르니에가 문제 삼은 '소음 과잉', '안전 과잉', '위생 과잉', '속도 과잉' 외에도 우리 사회엔 더 많은 과잉들이 난무한다.

 먼저, 감정 과잉이다. 신파를 작정한 일부 드라마들이 과잉감정을 쏟아내는 건 물론이고, 다른 방송 프로그램들도 어려운 처지에 놓인 사람들의 절망을 팔거나 범죄나 비극의 피해자들을 조명해 대중의 눈물을 짜내기 일쑤다. 또는 얘깃거리를 만들기 위해 출연자들에게 주제와 상관없이 불행을 과시하게 한다. 불우한 가정사, 질

병, 장애, 사고, 가난. 웃기지 못하면 울려야 산다. 아마도 이것이 많은 방송 프로그램의 신조인 것 같다. 그러나 불행만 파는 건 아니다. 사랑도 넘쳐난다. 전화 상담원은 전화를 받자마자 대뜸 우리에게 사랑고백을 한다. "고객님, 사랑합니다!".

그리고 정보 과잉, 통신 과잉도 우리의 짜증을 유발한다. IT대국이라는 우리나라의 위상을 실감하게 해주는 현실이다. 마주 보고 앉은 사람들이 휴대폰으로 통신하느라 서로 얘기를 나누지 않고, 개인정보 유출로 전화판매원은 통화를 하기도 전에 우리에 대해 이미 많은 것을 알고 있고, 보이스 피싱이나 스팸문자는 날로 진화하며 시시각각 덫을 걸어오고, 기념일이면 문자폭탄이 쏟아진다. 인터넷으로 신문기사를 읽을라치면 낯 뜨거운 광고들이 무더기로 함께 딸려온다. 일부 기자들은 아예 낚시꾼으로 전업한 모양이다. '충격', '경악', '헉!' 등의 저급하고 과장된 낱말을 앞세운 낚시성 기사들이 넘쳐나는 걸 보면.

불법과 비리 과잉은 또 어떤가. 뉴스에서 단 하루라도 불법행위나 비리가 얘기되지 않는 날이 있는가? 투기, 위장 전입, 논문 표절, 횡령, 청탁 수수 등은 고위 공직자 임용을 위한 국회 청문회 때마다 등장하는 단골메뉴다. 자기 주머니를 불리는 데는 셈이 빠른 그분들은 불리한 질문 앞에서는 하나같이 기억이 흐려져 우리의 짜증을 유발한다. 너무 자주 듣다 보니 무뎌져서 우리가 웬만한 불법행위엔 으레 그러려니 하게 되는 것도 화나는 일이다.

이런 과잉에 비하면 '포장 과잉' 또는 과대포장은 귀여울 정도다. 과잉 광고는 말할 것도 없고, 하다못해 꽃 한 송이를 사도 딸려오는 포장지가 엄청나다. 때문에 우리는 꽃을 사면서 포장지 값을 덤으로 치러야 하고, 물건을 사면서 과대광고 값까지 치러야 한다. 또, 교육열 과잉은 아이들을 학습기계로 전락시키고 해마다 많은 아이들을 죽음으로 내몬다. 이 모든 과잉이 우리를 짜증나게 하고 피로하게 만든다.

그러나 과잉만이 우리를 화나게 하는 건 아니다. 결핍

과 상실 또한 우리를 분노하게 만든다. 많은 것들을 우리는 잃어가고 있다. 경제논리가 허물고 획일적인 아파트로 바꿔놓은 주택들. 거대 베이커리에 잡아먹힌 작은 동네 빵집들. 골목을 파고든 기업형 슈퍼마켓에 잠식당한 구멍가게와 시장들. 살벌한 약육강식의 정글에서 사라져간 작고 힘없는 것들. 개발주의, 토건주의의 시멘트에 파묻혀가는 생태계. 성장 위주의 경쟁에서 패자로 떨어져 나와 인간다움을 포기한 삶들. 이 모든 것도 우리를 화나게 만든다.

푸르니에의 글은 짧지만 이렇듯 긴 생각을 부추긴다. 독자들은 저마다 자신만의 목록을 만들어볼 수 있을 것이다. 나를 짜증나게 하는 모든 것의 목록을. 하여, 무엇을 거부하고 무엇을 지켜야 할지 생각해볼 수 있을 것이다.

2013년 2월

백선희

짜증나

첫판 1쇄 펴낸날 2013년 2월 21일

지은이 | 장-루이 푸르니에
엮은이 | 백선희
펴낸이 | 박남희

종이 | 화인페이퍼
인쇄 | 청아문화사
제본 | 정민제본

펴낸곳 | (주)뮤진트리
출판등록 | 2007년 11월 28일 제318-2007-000130호
주소 | 서울시 영등포구 양평동 2가 37-2 양평빌딩 301호
전화 | (02)2676-7117 팩스 | (02)2676-5261
E-mail | geist6@hanmail.net

ⓒ 뮤진트리, 2013

ISBN 978-89-94015-54-5 03860

• 잘못된 책은 교환해드립니다.